뿔 없는 그림자의 슬픔

정홍순 시집

문학의전당 시인선
180

뿔 없는 그림자의 슬픔

정홍순 시집

문학의전당

시인의 말

한 가족으로 사는 것과 어울려 함께 살아가는 것
부부가 되어 살아내는 일들이
지상에 피고 지는 꽃이 아닐까.

팔십일 년을 함께 살아온 인연이 있다.
내 아버지 鄭鍾煥씨와 어머니 朴元禮씨다.
허공에 붙일 수 없기에 삼가 바치고 머리 숙인다.

2014년 봄
정홍순

차례

제2부

제3부

제4부

제1부

바람의 상처

꽃 손에 상장 지고

갓 써놓은 무덤에 우는 바람, 산마루 꽃이 자지러지게 붉다

나무는 바람을 불러

잎사귀 하나도 허투루 버리지 않는 품에 싸안아 보듬어 준다

아버지와 앵두

1908년 아버지는 식민의 아들로,
아들은 분단에서 태어나 다시 맞는 봄은
북쪽 가지 끝에서
기름 번지듯 동천(冬天) 열어내는 열꽃이다

상하이 먼지바람 동공 안으로 가라앉은
질벅한 눈 찍어내는 아버지
봄 뜰 가지로 날아든 새
어찌 쫓아버려, 올봄은 건강하신지

철철 피던 꽃과 때깔 곱던 알들
당신께서 사랑하시던 나무
오늘은 이중의 시대 누빈 하늘이 열려
막 아픈 꽃이 피어나고 있는 참이다

덩그런 집 끝내 밑동 잘라내시던
오! 가엾은 아버지

혁명의 꽃 피어 거리 메우던 때도,
민주 꽃 사태 터지던 때도,

앵두꽃으로 벌떼들이 펄펄 날아서
꿈꾸던 아버지
꺾꽂이 하나로 만상의 이치 끌어내며
"참도 아프게 살았다" 하시던 말씀이

가지마다 펑펑 폭발하고 있다

오래된 동행

아버지

서릿발 갈앉는 보리밭에서
파란 싹 한 움큼 뜯었더니
겨우내 아버지 눈물은 얼지 않고 있었다

배추꽃

집 자리 헐린 밭에 하얗게 선 저게 누구신가

와삭와삭 베먹던 늙은 소와
시래깃국 걸쭉하던 일흔 살의 집

쪽 지신 어머니 팔랑팔랑 나비 이고 오셨기에

목매기 코 뚫던 날

대나무들이 허리 펴고 일어서던 날 대밭 양지로 목매기 끌어 세우고 풀 먹기 전 코 뚫을 심사인 아버지는 해묵은 향나무 휘어 만든 코뚜레와 참나무 끝이 살은 꼬챙이 덧나지 않게 바를 된장 한 덩이 채비하였다 울음 맺힌 콧등 송곰송곰 땀방울 피어 부르르 떨며 겁먹은 채 아버지 앞에서 발버둥 치던 목매기가 쌍 피 터져 흘리는 콧구멍 흔들며 비명 질러 나도 같이 쿡쿡 울었다 콧구멍 아물 때까지 혓바닥 질이 능사라며 어깨 튼튼해지면 쟁기 차고 나갈 꼬맹이를 아버지는 한참 동안 쓰다듬었다 진저리치며 치러낸 목매기의 성인식 뚫어지고 터지던 힘으로 일어나던 붉게 피는 꽃이 더 아팠다

이별

다시는 볼 수 없겠지, 하고
꽃이 지고 난 다음 많이도 서운하였다

두고두고 서러운 생각은
꽃처럼 질 수 있을까

숨이 멎을 것 같던 이별이
아무는 자리에
생살 돋아 올라 한동안 잊는가 하였다

부러지게 매달리는 이별을
다 익히려면 다시 한철은
무슨 수로 견딜 수 있을까

꽃 한 짐 지고
이별 한 짐 지고
소슬 그늘 한 짐 지고

울 듯 울 듯 울지 못하여

봉지 속에서 자라난 슬픔

바람의 중량을 오래 지두르는 것이다

여물어 차는 아픔

은사시나무 까불대는
내 고향 당암리 가는 길
풀잎 하나하나
푸른 물 배도록 안아준다
정 풀어 숲들이 안부하고
땅자리 잡은 이른 모가 반긴다
밤송이 겨드랑이 넣어 아프지 않으면
먹을 수 있다는
천수답이 눈물 훔치는데
밤꽃
쐐기 같은 꽃들이 스멀거리며
사타구니 아래로 떨어진다
밤나무 밑동으로 오른
저 푸른 것들,
은사시와 숲들이 들을
여물어 차는 새끼들,
아! 아픈 것들

한나절 바람

모과꽃 사이 댕기논 아래
아직 덜 여문 대가지 세우며 고추이랑 내는 밭둑에서
오물오물 봄 짠지 먹다
금세 달려와 살강살강 장난하는 바람

지심의 놀이 타고 흥에 겨워 가슴 젖는 날
바람도 때론 엄마가 보고 잡을 때가 있다

무안양반

독심천은 부르르 아침에 깨어
송석정 돌아온 물로 감꽃을 피웠다
대숲 사이로 부는 바람
정지 앞 감나무 흔들어 꽃술에 밤새 씻어 달아맨
햇구멍 물방울이 쨍그랑 떨어진다

오늘도 실가지 끝으로
눈부시게 일어나 청명한 아침 세울
각혈하며 쓰러진 아내가 먼저
아른거리고, 집 떠난 자식들
실하게 입신할 귀향 지두른다

해독의 눈물 쏟아놓고서
청결한 숲 소리 밟으며 건넌 독심천
식욕 붙인 목구멍에 물 말아 한 숟갈 가래질하고
강둑 건너 무심한 집만 바라보다
저녁별 돋는 아내 머리맡으로
잡풀처럼 스르르 눕는 무안양반

문밖에는 어둠이 나부낀다
집 바람 가지가지 솎아가며
고목 같은 몸속에서 분다
따뜻함 그 조그만 것을 안아
깊은 잠으로 아내보다 빨리 들어가
저 풀섶에 누웠다
시퍼런 생가지 부러뜨리며 설핏 일어나는 아침에
피어오리라 떠난 양반

꽃이 오는 어느 길목에서

내종 가던 그 길이 얼어 더듬거리고 있다
길이 풀릴 때까지 머물러 깊은 눈물이 있는 강에서
눈물 품어 거두는 늙은 나무가 살고 있는 저기
강 건너로 미끄러지며 달려가는 바람에게

스스로 용서하고 있을 대단한 물길 하나 잡아두고
옥신각신하다가 끝내버릴 싸움이 아니라는 것과
흐릿한 감정에 사로잡힐 일이 아니라는 것쯤

피보다 더 울컥한 마음으로
바람 안으며 이르는 말이었다

이제는 멀리 아주 멀리
시야에서 사라지고 들쳐지는 깃발
저 끝으로부터 피어오르는 생을 보겠지
다시 눈 돌려 살아가는 꽃 보라는 말 들을 수 있겠지

이중섭, 소

화순에서 앵남 오는 길은 가파른 굽은 차도와 산모롱이 기차터널 옆으로 송수관이 함께 넘는다 인력거와 牛馬가 넘었을 땀재 한창 보리밭은 털끝 간지러운 가슴 쓸고 섰다 십 중하고 배고팠을 저 재 두고 밥집들이 들어선 온천 입구 초근목피로 연명한다는 분단의 동무들 생각하며 앙상한 젖소 쓸개물이 마르도록 새김질이다 청량리 뇌병원서 쓰러져 간 중섭의 빈곤한 時代 씹고 또 씹어 왜 도로 삼키는 건지 둥근 눈 끔벅끔벅하는 뿔 없는 그림자가 슬프다 오늘은 힘 있게 이 땅 딛고 젖 흘리던지 얼룩 등에 십자가든지 당당히 받고 설 너는 안다 우사의 거적은 봄빛 핑계로 너를 내몰았고 젖 물릴 어눌한 자식 울고 있다는 것을 안다 그래 방금 넘어온 땀재 다시 넘자 가자 거친 고향으로 가서 병동의 벽 허물고 고름 우유라도 보채는 어린 입에 실컷 빨리려면 쓰러지지 말고 죽지 말고 일어서자

수만리 가는 길

만연산하고 안양산이 어깨 한 수만리
고운 살 냄새 물씬하게 가파르다

구원으로 끄는 중지촌 사람들
넘어오다 만 넋은
넘어가는 넋과 만나기도 하고

풀어놓은 흑염소 떼 풀 뜯는 것인지
구름 뜯는 중인지 바위산 뛰며
새들은 가지마다 도란도란
장다리꽃대로 날아가는 나비 같다

산비알 쟁기 닿은 실팍한 이랑,
선잠 깬 물,
돌담에 피어오른 싹싹한 햇살,
밤 밭에 쏟는 주먹만 한 바람,

풀각시 반기는 오지로 간다

삘기 같은
할매들 정붙인 토방 밟고 패놓은
늙은이들의 한나절 가지러 간다

"물 짠 동네지만 情 때문에 살지라"

뜨시게 지진 말
쏠락쏠락
한숨 입담 받아먹으러 들랑거린다

길

검은 기차 한 대가 선다
화순역 들어서며 육중한 정지음
분진들이 가라앉는 레일 위로
햇빛이 따사롭다

과열된 굴대통 두들긴다
북채 같은 긴 망치 끝으로
깨지고 금 간 얼빵한 것 찾아
까마귀처럼 부산히 쪼고 있다

채광된 구암산은
지금도 신열 그냥 앓고 있지만
기차는 다시 가려 한다
봄 감기가 내 몸에서 미동하는 게
화덕에 불이 붙었는가 보다

찾았다
종아리 내리치시던

낭창거리던 소리
다 타지고
생것으로 남지 말라 했음을

봄날

보시오,
산에 法으로 시절이 온가

힘줘 거머쥘 수 있는가

말없이
시리게 오는데
명치끝
찌르며 오는데

빗속에 서서
죽은 듯
까딱없이 받아내는 저그

나무새끼
나무새끼

제2부

물 끝

구기자 꽃피는 억새 너울진 샘
저드래

담자색 꽃물이 흥건히 들어차
두레박으로 질러먹던

두멍 물 길어 채울 때마다
시퍼렇게 솟던 아버지

풀벌레 질금거리던 여름 홀랑
달빛 눈부시게 씻어 당긴 샘

석 질이나 차던 물길 돌아누워
먼저 간 식구들 생각에

물 끝은
늘 그리움을 상처 내고 흐른다

독배토굴새우젓

서해 바다 작은 섬 사이 새우 떼 푸던 천수만 독배마을 어머니는 개펄에 정박한 채 나를 정월의 해동 맏이로 낳았다 그해 독배 할아버지는 광천 어느 포목점에서 병들어 새우등만 한 등짐 부리며 돌아왔다고 어릴 적부터 유난하던 광천, 밥상에서 언제나 아버지 잔소리와 눈물이기도 한, 밥숟가락마다 얹어주던 어머니 새우젓

천묘 때 본 할아버지 곱게 핀 모렴, 지관은 무덤에 금붕어 뛰놀고 있다 했지만 새우들이 금잔디처럼 놀고 있었고 고독의 아편으로 중독되어 아침마다 오서산 꼭대기 타고 오는 해 받아 광천 사람들 새벽장 여는 새우젓갈이 누렇게 곰삭고 있는 항아리였다

광천 오매들은 오늘도 토굴젓 팔고 있다 고독의 맛, 싱싱하게 맛볼 사람들의 입에 사리사리 아리랑을 판다 황해 뼈가 씹혀지고 달개비 피는 여름 장항선 막차에도 살 어리 살 어리 떠내고 있다 누런 바다 새우 떼들이 오르는 토굴 문이 열리면 할아버지 뼈 모렴처럼 핀 젓갈에 허벅지

같은 허연 달도 꼴깍 넘어가는 것이다

흙집

그 집,
칠십 훨씬 넘었을 것 같고
누군가 모시고 들었는지
눈물 섬이나 쌌을성 싶더라
봉산 길,
포구로 난 길 따라
감나무 몇 그루와
푸성귀 앞뜰에 심은 것 말고는
단출한 언덕 오름에 지은 집
석수포 이륙한 해가
담벼락 구멍 속으로
난사하더니
처참히 쓰러지더라
황토 날리며 귀로(歸路)하던 그 집
어스름 찾아들던 토수(土手)의 집

까치집

애인아,
나는 오늘
바람과 볕이 잘 드는
높지막한 곳에
집 한 채 올리려고
생가지 부러뜨리지 않았다
바다가 보이는 언덕
빛을 안아다
밀물 썰물
씨 뿌려 키우면
밤하늘별이 하나 더 돋을까
마른 한 토막 물었다
마르도록 아팠던
생을 물어
풍장 치고 깍깍
그대 부르며
살려고 생각했다

석축 담쟁이

틈바구니 낀 마디들이
한사코
큰 산 바위에 새겨진 신(神)들은
누구의 불멸이냐 한다

징징 울었을 고독 붙잡고
잔챙이 이파리들이
몸부림치며 팔랑거리는
길고 짧은 생의 기호와
긴 행렬 속으로 들어왔다가
나가는 세월이란 것들

그 사이
명줄도 슬펐을
천지로 뿌려진 새끼들이
성충처럼 오물오물 자라나
눌어붙은 손마디에

이슬,

꽃 대신하고 답신하는 아침

깨진 것은

깨진 것 사이에서 아물고

낀 것은

낀 것에서 살 되어 산

켜켜이 쌓여진 생이 두텁다

아내의 처우(處遇)

지난 세월 올려놓고
아침마다 아내는 물을 준다
살아온 날 무엇 하려 기도할까

꽃은 과거를 몰아쳐 온 것이다

잘린 꽃대 같은 걸 만지며
무작정 태우던 정열 안쓰러워할 때마다
거미줄에 붙은 풍뎅이처럼
홑이불 돌돌 말고 눈 감는
볼썽사나운 놈에게

지성스럽게 들이댄다
목구멍 어디쯤엔가 서러움이 마주치고
무심히 지고 있는지 모를 것에게
물 한 모금
더 권하는 아내

길어진 눈썹
극락조 다듬는 가위손에서

정성만큼 필 수 있다면
분절만큼 질 수 있다면
눈물은
화반에 꽂지 않아도 쓸 꽃이었다

들꽃

할아버지는 발로 썰었다

쌈지 말아 넣으며
묵은 볏짚 도톰히 싸서 썰었다

아버지는 손으로 설렁설렁
이슬 아직 거두지 않은
작두날에 다가가는 무명초 썰었다

우리는 꽃 보는 눈
들꽃 생각들이 감전된
모터로 썰어
산산이 꽃은 기억으로 돌아오지 않는다

들꽃 치는 세상은 느렸다
들꽃 베는 고향은 살졌다

할아버지 발작두, 아버지 손작두

인심 사난 세상에

푸덕푸덕 똥이다 나는 똥이다

파랫국 끓는 바다

점심상에 오른 파랫국 먹었다
파랫국 먹으면 언제나 그 바다 생채난다

금산과 시퍼런 심줄
비린내가 울컥 삼켜지는 마량 젓통바다

거친 바다 나는
식성도 없는 늙은 어머니에게서 살았다

까막섬 돌무더기에 낳은 햇것처럼

새 발바닥만 한 파릇파릇
썰물 좇아 누웠다 밀물에
갈기 세워 오르는 새끼들

돌의 면적에 힘주어 믿는 모진 것들

남의 새끼 열씩이나 거둬 키운 어머니

고달픈 놈 오지게 끌안아 보낸 어머니

오늘 점심상 돌팍젓맛이 참 게미가 있다

취꽃

나물 농사짓는 황촌 사람들
관광차 안에서
꽃 이름 대기 하다가

이 꽃 저 꽃
아는 꽃은 다 대다가
그중 하나 기막힌 꽃 이름 하나

취나물 꽃, 하고
배꼽 빠지게 웃었담서요

취 밭엔 하얀 꽃
종자 꽃이 피었고요

석수개 바위 등에는
허연 간 꽃이 피었지라

어머니,

고 잡것 취가 말요

그라고 웃길 줄 몰랐어라

팽나무재

당암리 들어가는 초입 늙은 팽나무
팽나무는 한 발이라도 길 나서고 싶을 때마다
억센 마디 비틀어댔다

당암리 사람들
팽나무 그늘만큼이나 아름 쳐 내린
속마음이야 짐작했지만
팽나무 뜻 어깨 눌리게 생각한 적 없었다

조상 세업 지키느라
한술 밥이 고픈 줄도 모르던 사람들
출상 날이면 으레 먼 길 쉬게 한
눈물이 더 고픈 사람들은
부러진 가지 움돋던 뜻 헤아렸을까

그 길에 울던, 웃던 사람들
조실하고 떠난 반장네 아이들
신발공장 순난이 생각, 고운 자식들

잘 깎인 목기처럼
서서 사는 것들의 서러운 이정표
당암리 언덕 오르면 슬픈 춤 저절로 난다

발끝 마검포 푸른 물
얼싸 하고 치는 장단 맞춰
사설 풀어 산 녹도록 목 놓아 흔들며 간다
서서 흔들다 마는 것들처럼, 팽나무처럼

찔레 붉게 피다

먼 먼 태안에서 순천 갈대마을까지 왔다
충청도에서 전라도로
기찻길 건너 금강하구둑 굽이굽이 넘어
남녘땅에 내렸다

뿌리발이로 몸살 하던 물 설고 땅 설던 겨울
갑절이나 추워 고향 그리워 울기만 했다

조막손만 한 끌텅이 몸부림치다
새순 죽어 자빠지자
바늘땀처럼 살 꿰매며 몸 하나 세워두던

찔레는 죽지 않았다
울화 치는 하늘 접어
고뇌의 땅 차고 일어
만고 끝에 꽃을 달았다

살아서 기적이 아니다

붉은 잎 속으로 차오는 노을
먼 먼 태안 생각하며 정시하고 꽃으로 서서
한 마장 피어나는 모든 것
기적대로 사는 것을 기억하고 있다

마름꽃 피는 강

참깨꽃 실어 가는
엄마강

컹컹 짖던 백호,
삽사리와 발발이가 젖은 마당에
참깨로 시름하는
어머니 곤하신 밤이 짖고

부시시 해맑은 아침
"오메, 새끼야 꼬투리마다 달렸냐"

오리 떼 총총히 새끼 모는
지석강
잔뜩 버드나무 바람 허리 아프고
어머니 얼굴에 번지던 꽃

고만고만한 꼭 닮은 놈들이
막대기 맞아 가며 눈물이란

쏴르르 쏟아지는

마름꽃이 피었다

꽃담

그는 우리의 화평이신지라 둘로 하나를 만드사
원수된 것 곧 중간에 막힌 담을 자기 육체로 허시고
—「에페소서」 2장 14절

꽃처럼 발랄한 청춘이
꽃처럼 청순한 유혹이
꽃처럼 화사한 웃음이
꽃처럼 수줍은 얼굴이
꽃처럼 세련된 낭만이
꽃처럼 건강한 사랑이
꽃처럼 순결한 마음이
꽃처럼 넉넉한 생각이
꽃처럼 가득한 행복이
꽃처럼 숭고한 신앙이
꽃처럼 간절한 이별이
꽃처럼 애달픈 죽음이

어디 있을까요

꽃만 한 것이 없겠지만

꽃으로도 담 치지 말고 살게요

홀로 피는 꽃

대숲에 복숭아나무 한 그루 있었는데
꽃피기 전 전혀 몰랐습니다
바람 쳐 불던 날
몰래 키운 대나무자식이란 것을
바람이 누설해버렸습니다
복숭아 껄 벗으며 익어가는 동안
방구리에 쥐처럼 드나들며
한사코 보채다
몰캉하게 맛있던 그 작시
대 끌에 발바닥이 뚫렸지만
복숭에 관한 사실을 눈감아버렸습니다
허나 구멍 난 고무신
찌걱거리며 다니는 소리
귀 밝은 아버지가 들으셨지요
예사 눈이 아닌 어머니 곁을
잘록거리며 다닐 순 없었습니다
발바닥에 앙까징끼 달랑 처방받으며
오지게 혼줄 나던 날

호젓한 대숲 꿈꾸며 잠이 들었습니다
비비새처럼
사뿐히 날아 밟는 대로
꽃 천지 찍어나던 대숲에서
나는 복숭아꽃 새가 되었고
몰래 새긴 지문 하나
발바닥에 숨어 아련 아련합니다

보라꽃

구멍 깊이 녹처럼 박혀 있는

제비꽃 편지 그 애는 첫사랑이었을까
무늬 옷에 웃던 그 애는 연인이었을까

세월 가도 모르게
말없이 좋아만 했지 물들어보거나
색챔해보지 못한

제비 감자 재스민 옥자마 용담 도라지
안개 낀 어스름 붓꽃, 붓꽃

이들의 상처는
꽃,
다시 아물어도 꽃이라는 것

허나
누가 나를 분질러 꽃이라 할까

제3부

어머니의 상사(喪事)

어머니,
그 이름에는 그리움으로 성글게 한 뼈들의 아파함이 들었다

어머니 이름 속에서 뼈가 자라며 새겨진
까마득한 우리들 생의 부호가 있었던 것

고여 있는 나이테처럼
내가 알기 전 사람 또한 그 속에 고이 잠드는 것이 있었다

달과 은행나무

저녁예배 파하고 오시다 어머니
잔디발 걸려 넘어졌다
부러진 손목 애 터지는데
아내 입원시켜놓고 돌아서던 창밖은
어스름이 거미줄 치고 있었다
어화등 불빛 환하게 밝힌
삼천포 바다 두고
신덕리 이정표로 달려들 때
지석강에 피라미만 한 달이
헤엄치며 놀았다
오늘도 강가 나가 놀던 애들은
조르르 설사 났다고
눈까풀 팔랑거리며 나를 맞는다
으스스 몸 추어 흔들린다
은행나무 껍질은 아직 얼지 않았겠지
까칠하게 소름 돋는
어깨 위로 은행잎이 날아든다
달도 견장처럼 붙는다

지금은 만월 지나 또 만월
달이 한참이나 물들어 찼다
잎새 떨구고 밤마다 달이 자는 은행나무
밤 깊도록 내린 노란 잎새 만지며
나는 달 속에 빠진다
오늘밤은 거듭 물어뜯고 싶다
아물어 차오를 하늘 아래
살 시려 허허 웃는 것들끼리

달구경

십리 길이 멀다 해도
깨 팔아 어머니는 바람개비 사왔다
바람개비 바람은
도리깨마당에 도깨비 같았다
펄펄 날아가는 먼지바람
머리카락 사이로 흰 머리칼이
억새처럼 너울너울 춤췄다
흉악한 입방아에도 견딜 만하던,
구질구질한 살림도 참을 만하던,
바람개비 멈춘 밤은
국수봉 너머 삼봉바람 후려치는 대로
삭신 돌려 눕는 소리 베고
바람 끝이 가슴에 콕콕 닿았다

도깨비 밤
달에 쌓인 탑세기까지 날릴까 싶어
바람개비 힘차게 돌리던
무장 어질어질하던 시절

달에 깃대 꽂고 돌아온 아폴로
그네들이 다녀온 뒤
달이나 구경하던 촌것들은 눈병이나 전염하며
병 하던 삭신들이었으니
바람개비 바람 한 세대 날려
달까지 당도하리란 생각
검불같이 쓸쓸히 부는 밤이다

너도 보겠구나 홀로 서서 보겠구나
달 같이 웃으며
질벅질벅 보겠구나

소리매 맞고 싶은 날

나이 들어 고향에 가니
고향 또한 나를 낯설어하더라
아득히 기억에 피었던 꽃에서
내 눈은 지금도 따뜻하다
누가 내 눈에 따뜻하게 눕거나
숨져간 이가 될 수 있을까
나는 꽃으로 그 먼 슬픔 흘리기보다
반짝이는 기억으로 보고 또 볼 것이다
오늘 너의 말로
감미롭게 익은 고향 흙밭에
꽃이 되고 떨어진 열매처럼
소리매 맞기라도 한다면
내 가슴은 말이지
사랑할 때 같이 오지게 아릴 거다

산벚나무

한 해가 모자라는가 보다
오늘 시월 아침 너의 차림새는
눈부시기보다 쓸쓸하였다
꽃을 들고 서 있는 네 곁에
하늘수박과 가을이
너를 감싸며 도란거리는 것을 보았다
귓가에 떨어지는 소리
꽃이 질까봐
진심으로 가슴조리며
네 깊은 속으로 기울였다
쓸쓸하여 마음 깊어지는 이에게
너의 동행을 어찌 말로 할까
한 해 두 번이나 핀 너는
하늘과 마음 닿을 때까지
다시 필 수 있다고 말한 적 없지만
올 가을 꽃은
꼭 한 번 새기고 싶던
문신으로 남기고 싶다

굿판

풀포기 쳐진 아버지 담배 기운이 코끝에 아릿하게 스친다 칼춤 추며 찢어 내던 산발한 신장대는 부엌에서 뒷간으로 광 헛간 돌아 굴뚝 끼고 우리 집 귀신 다 불러 내몰았다 푸닥거리 백중달이 기막히게 놋대야같이 떠서 쟁쟁거린다 오동나무테 쇠가죽 북이 터지지도 않던 집구석 백중사리 각다귀 떼 몰고 자갈논 육답 잘근잘근 밟아 끝끝내 썩어 개펄에 묻혀도 말뚝처럼 흔들리지 않을 옥순이 누나는 굿 떡도 못 먹고 서울로 떠났다 한동안 안부편지 곧잘 보내오더니 곱상하던 볼 딱지에 홍도화 필 무렵 돼서는 끊어지고 말았다 서울 하늘 아래 굿이나 하고 돌아다니는 거라며 썩을 년, 썩을 년 괜스레 욕질하다 기러기 한쪽 찢어 가는 하늘 보며 태수 형이 울었다 눈썹 같은 하늘 터진 해가 재활원 울타리 넘고 감꽃만 한 누나 옥순이가 떨어진 기별 태수 형은 알고 있었다 우리 집 무사(無事)가 끝내 파경의 재무더기로 타버린 후 구리 동전 같은 옥순이 누나가 가뭇가뭇 길바닥에 쓸리어 간 것은 길들여지지 않은 영혼으로 떠나고 그렇게 굿은 끝났다

고추밭

고추꽃 흔들다 가는 산바람
올망졸망한 아이들
모퉁이 돌아간 학교에서
땡땡 종소리 울린다

귀여운 것들
잘 자라 매운맛 들거라

뒷간

물독으로 쓰다 귀가 깨져
똥독 박아놓은 뒷간
똥 내 절었어도
소나무 냄새가 아직 남은 듯한
널빤지 걸터앉아
앞가리개도 없는 뒷간에서

뒷간 감나무까지 날아와 부리 대고
조용히 듣는 까치 앞에서

하얗게 쌓이는 눈 헤치며
부엉새 노란 달 올려놓는 숲속에서
쑥잎 피지면 뜯어
밑 닦고 싶은 뒷간에서

똥장군 아버지
뒷간 한구석 똥지게 박아두고
밑 깨진 독에

똥만 고스란히 모아 담뿍 차면
똥삽 디밀어 자르는 노인네가 됐다

새들 황급히 누고 날더니
할아버지 무릎에 앉아
똥간이 우습다고
우습다는 손자들에게
대답 없이 빙그레 싸놓는 아버지

천천히 한 송이 꽃 담그고
나는 어디로 가야 하나

꽃가게와 구두수선 집 사이

연일 사람들 북적이는 충장로
우체국 골목 얼마 전 서점 헐리고
그 자리
유명상표 신발집 개점했다
책장 넘기던 얼굴들
구두 밑창에 뭉개져
은행잎 떨어지는 만세소리 끌고
꽃가게 옆
구두수선 집 마주한 길로 나온다
두 집 사이
정확히 말하면 누구의 이야기 속에
들어와 있다는 것을 알았다
지금 나는 서성거리고 있다
뒤축 처진 구두
여과 없이 빠져나간
헐렁해진 세월 생각한다
촘촘한 바늘구멍
누군가의 앞으로 갈 수 있는 조심스러움이다

하지만 무참히 낭비된 청춘은
십수 년 전 ‘군화’ 그리고 ‘꽃’에 대하여
너희 목소리와
눈물이 밤늦도록 허공에 터진다
아직도 나는 서성거리고
또 한 해 가을이 가고 있는 사이
아득한 소리뿐

목련

순천역 지나 보해소주공장
담장엔 목련이 말갛게 피었지요
살랑대는 삼월인 걸 알면서도
맵시부리는 게 술기운이 아닌가 싶었어요
촘촘히 지나는 사람들
차들을 피하느라 허둥허둥
아슬아슬하게 보고 있었지요
나도 가고 나면 시장에는
팔다 남은 것들
그들은 쓸쓸히 꽃이나 보고 갈까요
좌판에 앉아 두서넛 마지막 잔
나누어 마시겠지요
고단한 손 육포 찢어 씹는
얼마나 오늘 장은 흥겨웠을까요
꽃 보고 대번에 눈 맞아
덩달아 벌겋게 피는 것을
고혹한 날에
이렇게 다 사랑하고 싶은 날에

엇갈리는 풍경

사평 물통 지나 밤산에 홍단 잡은 화투판이 탁탁이며 밤알 쏟는 가을 북교 아래 삼단이불만 한 물길이 부산하게 편승한 질주로 물고기 아린 눈 살그머니 감고 누웠다 홀려 모퉁이 돌아 풍차의 집까지 너른 광장은 계 치른 술꾼들의 대낮 소리가 남아 뒤늦게 쏘가리탕 졸인다

갑자기 대숲 바람 조통달의 목쉰 절창의 소리가 와장창 추돌한다 한천탄광 남포가 깨낸 일발의 사고다 완도 구계등 호박돌만 한 얼굴들 꽃잎 지듯 와스스 주암호에 떨어져 보성 승주 화순 물 마시고, 에둘러 막은 호수의 집, 소리장이네 옆에 눈이 붙어사는 풍경 가득한 집, 백민이 육간 같은 집에 청단 초단 패 놓는다

풍차가 돌아간다 북두성 원시인의 법 우리 미소 남아 집 나선 혼불들이 귀가하려는 듯 산 것들이 길을 열고, 완도 구계등엔 지금 물이 들어올 것이다 동백 바다 아침 오기까지 산길 걸어 석탄 노적가리 구암삼거리 닿으면 씻겨도 새카맣게 탄 구계등 얼굴

옻은 옻을 모르고 산다

곁에
있기만 해도 두근거리는
그가 있었다

곁에
있기만 해도 두근거리는
그가 있었다

한 사람은 빠지고 싶었고
한 사람은 나오고 싶었다

대체
그들에겐 무슨 독이었을까

오늘 나는 서 있다

잡나무같이
산이란

숲속에

오늘 나는 모르고 산다

멍청히,
그저 독이 독을 모른 채
붉게 티내고 있다

콩꽃 버물며

꽃들이 무리 짓는 날 해룡천 모래땅
상진이가 심은 가을 콩이 피었다

화선지에 떨어진 근심 매겠다고 나가
검뎅이로 돌아온 상진이가
창이 된 붓 들고
벌레처럼 밤 깊게 울던 꽃이다

정에 겨운 사람들
흉터 같은 낙관 눌러 그리던 꽃이다

올해 가을 콩 상진이는 거두지 않을 것이다
늙으신 어머니 그의 공력이 안쓰러울 뿐
무성한 콩밭은 또 한철 장마를 지두른다

무질러 떠나면 생각도 지워질까
키 작은 콩꽃들이 가슴 쥐어뜯으며
밤마다 먹물 번지듯 피어난 것이다

콩꽃마을

헝클어진 풀밭으로 여름내 버무려놓은

상진이의 얼굴이 가물가물 젖었다

수세미酒

대철아, 오늘은 수세미酒 꺼낼까
해소 천식에 그만이라는 술 한 모금 나누게
돼지집 지붕으로 오르던
수세미 가느다란 손끝으로 만져진
바랜 이엉 타고 주마등처럼 내린
네 할머니 눈물이 푸른, 술 꺼내 가래 든 목구멍
삭혀 내리자
그깟 얼레 설레 세상일 술로 술, 술 풀자
새 술로 한 번 취하게
성담(性潭)의 그림밭 나비로 훨훨 날고
고추잠자리 빨간 볼에 살랑살랑 춤 얹자
조각칼 후빈 목판에 엎어져
색색이 찍어낸 율촌, 알몸으로
나랑 노닐자
어둠에는 어둠 더하고, 높은 산은 계곡
깊게 하고, 하늘은 네모나 세모로 깎고,
꽃처럼 밝은 곳은 빛을 더하게 이 몸들
파고 나가자

지석강 물천어 끌어내던 투망보다
네가 담근 도가지 수세미의 많은 가닥들이
산 것들을 잡고 있더구나
오늘은 고놈 산 것들을 먹자
씨날 잡아 오월까장 가노라면
고난의 베틀소리 들을 것이니
생물(生物) 소리가 나도록 부어
참 인종(人種) 소리가 어딘가
대빗소리 쓸리는 쾌청한 아침 맞으러
오늘은 고난 부어 느리게 저무는
종괘산 해거름에 눈빛 맞추자
신명 있을 한 끝 잡고 벌레집 틀어
꿈꾸어 들자

백날을 산대도

갈 수 없는 먼 나라로
꽃문 천천히 닫아 매는 백일홍

기억에 묻어 아프지 마라
꽃을 바람에게 건넨다

붉은 꿈에 젖어 슬펐던
짐 거두려 햇빛이 달려들지 않는다

하찮은 세월로도
병 되어 앓는 날이 무거운 것을

필 수 있는 날까지
애절히 떨어지거라

꽃으로 살아서
넉살 좋은 세상 보며 꽃으로 살아서

제4부

흐르는 것의 이름

산등성이로 북태평양 저기압이 당도하여 넘어갈 무렵
숲은 일제히 흔들리며 한쪽으로 방향이 정해지고
나무들은 바람의 형체를 세우느라 혼백이 어지러웠다

하늘 밑바닥에 세로 가로 엎드린 오만한 것들이
하루쯤은 같은 행동으로 뜻을 모으는 상서로운 날에
흘러 흘러온 길이 열리고
자비로움을 유지할 수 있는 충분한 상처

훗날 부러지고 어긋난 그것을
우리는 바람의 상처라 이름하고 있다

눈물의 크로키

할아버지 돌아가시던 날 성엣날이 솟은 논바닥에 돼지가 죽으며 따뜻한 오줌보 내놓았다 검불 붙은 오줌보 차오른 하늘이 말랑거렸고 말랑거리던 하늘은 이내 눈 쏟아 내렸다

막걸리 지게미 냄새 기름 두르는 지짐 냄새 장작불은 며칠째 개코에 싸락눈 녹듯이 탔다 밤새 할아버지 이름 태우고 때 묻은 유품들 불 속에 버려져 조그만 종지기와 잔이 남았다 할아버지 공적일 것이다 가난 말고 빚보증 말고 남긴 유일한 대물림이다

아버지는 분노의 눈물 흘리며 아름드리 붉은 소나무 쓰러트렸다 목도해 올린 육중한 몸 송판으로 갈라져 관이 짜졌을 때 아버지는 “아버지” 하고 울었다

나는 울기 시작했다 어머니 눈물로 울고 아버지 눈물로 울고 내 조상 할아버지로 울었다 눈물의 감전은 언제나 어머니였다 꽃상여 나가던 날 나를 붙잡고 떠밀던 사람들

그 속에서 어머니 만류로 울었다

오늘 다시 그 기억 울컥 나는 것은 그대와 나 진정 슬픔이 와 우는 게 몇 번이나 될까 울음 꺼내고 슬픔 꺼내 눈물 속에 사는 찰나로 몇 날이나 어머니 마음으로 울었을까 싶다

다시 차올리고 싶은 하늘 발끝에 닿았다 어머니가 또 울까 싶다

겨울비

바람머리
눈뜨고 간다면 먼 산에 박힐까
물 팬 장작 얼어붙기 딱 좋은 날
길게 한 번
짧게 한 번
사이사이 번갈아 가며
보리밭에 꾹꾹 눌러 앉는다
먼 산에서 쓰러지지 않고
다시 돌아오는 길에
대물림한 어린것은 젖 더듬어
그렇지, 왈카닥 토해놓고
질러대는 천둥이 너의 즐거운 일이다
보리밭 실뿌리 엉킨
파란 싹들이 자라
서걱서걱 베지는 날
그 앞에 다시 모일 목숨들
나는 오늘 삭발하고 싶은 날이다
알갱이 떨어진

사이사이 섞어 이룬 날에
이보다 더한 취기 느껴봄이 있었을까
포기째 흙마저 다 씹고 싶은 게
얼음 사이로 떼어 살살 녹이면
버들개지 뽀송뽀송 솜털 나듯
꺼럭 돋는 네 녀석이 보고 싶다
이 비 보거라 아가야
나물바구니에다 알갱이 한 알씩
차분차분 담고 싶은 날이구나

동천

여울에 비친 산으로 날아든
동천 새들은
첫눈으로 내리는
싸락눈 맞고 있다

우리 가난하기에 강물도 맑은가
피라미,
참붕어 떼,
서로 비비대며 강을 문지른다

죽도봉 산벚나무 철철 지고 난 후
달빛에 피던 메밀꽃
새들의 깃 속으로 끌려간
동천은 앓고 있다

늘 그만한 병 되어
그리움으로 타는
동천 새들

물빛 지우는 아파트 숲속을 닫는다

고단한 길이 하나씩 떠날 때마다
떠나는 길 깊도록 기억해두며
하늘 바닥에
점찍어 꼭꼭 쓴다

살얼음 살살 몸뚱이 감는 저녁
한발 척 기대고서
우리 깊은 꿈꾸고 있는 새들의 눈이
드믄 드믄 졸리고 있다

제비꽃

십일월의 산
먼저 왔던 꽃들은
다시 보잔 말도 없이 벌써 가고
그렁그렁 맺혔던 방울들
눈물이랑 저 아래 발치에서
손 풀고 있었다

아직 남은 햇살이
솔가지에 놀고 새들
부산히 총총대는 길가에서
고개 숙여 푸른 너
누가 먼저랄 것도 아닌데
너는 나를 보고
나는 너를 보며
반기다 울었다

삶의 무덤
파헤칠 이유 아니듯

상처 위에 심어 피운 남산에서
소지로의 청아한 소리로
불렀다

맑고 이뻐 상처 날 것 같은 너
봄을 불렀다

우산소나무

조생종 만생종 골라 심으며
한 주당 얼마 촌부는
늘 상식의 나무를 심었다
공부하다 달려 나온 시골아이들
싸리와 아카시아 심으며
파랗게 지도를 그렸다
조림사업장 장별*에 전표 받으며
이끼다소나무 심던 형들은
쌀 몇 말이나 팔았는지 모르겠다
나무는 꿈이다 훈시하고 심던
존함 새겨진 표석 뒤로
도지사나무가 크던 것을 기억할 것이다
식목에는 무슨 내막이 깃들었을까
얼마 전 큰 나무 아래 유골함을 묻었다
한밤중 고달픈 생의 의식을
나무 아래로 가져간 것이다
스스로 결정한 그의 미래가
한 삽 깊이에서 이별을 고한

적송을 어루만지며 너야말로
인생의 뜻이 있었는가 물었다
한걸음 더 로마왕의 대로에 섰다
챙 넓은 가로수
지친 병사에게 그늘을 선사한
두꺼운 껍질에 기대어 목덜미를 만졌다
세기를 관통한 정벌자의 소나무
송기 긁어 삼키던 목구멍으로
왕의 바람을 삼킨다
칼날처럼 베고 달리는 목구멍 길
피렌체 적송나무 아래로
가만 가만 시그널이 들어왔다

---

*넓은 모래벌판의 충청도 방언.

하늬땀 바람

방죽 모랫논에서 부는 하늬땀 바람은
볼때기로 콧물이 엉겨들게 하던 바람이다
무자식에 눈물 흘리던 방죽 아저씨와
아제들은 늙었고 됫술 받아놓고 윷 놀던
주막 사람들도 다 떠난 납성리에
오랜만에 갔다

되게도 까칠하던 하늬땀 바람

과자봉지 몇 개 긁고 있다니
군것질할 애놈들도 없는가 보다
말술로 떼던 막걸리 통도
오동나무 아래 깔린 평상도 사라졌다
담배표 붙은 낡은 유리창
깨진 틈으로 푸성진 연기만 인기척이고
하늬땀삼거리 쌍비석이 나란히 섰다

허황된 것들은 언제나 관 쓰고 사는가

아버지가 고함치며 나를 울리던 날이
이토록 예상했던가 보다
공술 얻어먹으며 관비 세웠을
내 가슴 돌들 생각하니
쥐새끼 같은 돌들의 소리뿐이다
돌 소리 밟으며 들어서는 가장골
뿌리 깊이 떨어진 개간지 칡넝쿨은
이름 없는 무덤들로 잘도 기어올랐다

서리서리 묶어 불어대는 칡바람소리
아버지와 바람을 붙들어보던
늦도록 하얗게 곪아 피던 밤
그 후 별들은
도수 높은 안경잡이로 살아가고 있다

선장과 아내

이른 아침 동강 오일장이 섰다
장 보고 가는 파란 용달
짐칸에는 생선 담은 빈 그릇들과
도마엔 채 마르지 않은 비늘들이
하나씩 꽃잎처럼 날아간다
조수석 여자는 고개 못 가누지만
등굣길 아이들 걱정이 앞서는지
용달은 검은 연기 뿜으며 달린다
곤한 일이 더 나을 것 없다 해도
고깃배 그 자잘한 것 애들 생각하면
데 먹은 놈들로 바랄 뿐이다
부두의 아침
"고깃배는 비린내가 나야 할 일이오"
부부는 가난히 기도한다
가난타 해도 잘만 어울리는 뱃놈이라면야
한구석 처박힐 폐선 같을지라도
뜨거운 눈물 흘릴 수 있을 것이라
탱자꽃이 곱게 지고 있는 울안에서

다짐하고 또 생각한다
끝까지 가봐야 할 인생의 비릿한 일
흐를수록 아름다운 상처가 있다
섬들이 꿈꾸는 저 바닥으로
흩뿌릴 꽃
살갑게 손 잡아주는 위로가 있다

바로미터

빗방울 하나가 산산이 부서지며
잊힌 봄이 깨어나는 산판

일발 명중한 새가
다시 새로 깨어나기 위하여
기를 쓰며 숲으로 밀어 넣는 지금

삼월에 묻었던 기억들
나무들이 서로의 기억 더듬어주며
젖어 흔드는 능란한 춤판 따라

성육한 그리스도가 지고 가는
해골산 세워질 십자가처럼
의절하는 아버지의 봄이

다시 깨어나고 있다

한 방울

가지마다 맺힌 불씨가
활활 타올라 번지는 저드래

운명 치고 일어나
한 줄기 붉게 긋는 후망재 언덕에
세찬 불꽃이 화르르 날고 있다

석화

오늘 따라 포구에는
한낮인데도 바람이 누그러지지 않는다

가을 지나 꽃 잃고 나는 꽃이 없다

추접스런 얼굴 코 풀어주시던,
상구머리 쇠똥 감아 빗질해주시던,
꼭 안아 멍들지 않게 담아주시던,
어머니

개펄에서 망태기 무더기로 쳐다놓은
꽃봉오리를 본다

물푸레나무,
상수리나무,
입동에도 어리굴젓 밥상에 올리려던
어머니 언 손 피어난 빨간 꽃을 본다

붉은 바다
저녁놀 수십 번 지우고 나면
산마다 물푸레, 상수리 끌텅에
다시 솟는 새싹처럼

저 개펄에 박은 나무마다
굴이 다시 붙어 자랄 것이고
꽃을 잃은 나의 죄도 만발할 것이다

고치 속의 잠언 1

뽕나무에 늙은 꽃이 피면
밭둑 지나며 젖먹이 소가 날래게 훑어 따낸
잎사귀 끝에는 구정물 같은 뜨물이 흘렀다

거먹 눈깔처럼 오디가 익던 날부터
뺀질나게 뽕나무로 날아오를 때마다
늙은 뽕은 삭은 가지도 부러트리지 않고
극진히 어린것들을 끌어안았다

"어느 씨알 놈의 새끼들이 뉘 뽕 다 따냐"
동환이 할매 고함치며 동동거려도
욕사발 퍼마시며 뽕나무로 올라타던 놈들

기세에 기어 붙어 조막만 한 것들이 마구 흔들며
"뚱땡이, 누에 관둔 지가 언젠데 벼락이나 맞아라"
저주의 나무 만들고 말았다

〈속죄하는 밤, 뽕도 주인도 없이 눈만 내린다〉

배부른 누에는 뽕잎에 오르지 않느니

고치 속의 잠언 2

명인이가 태어나기 전
잠두(蠶頭)에서 이 년 산 적이 있다

두꺼비, 꽃뱀,
고구마 꽃도 볼 수 있던
개난(蘭) 흐드러진 동네였다

잠두 사람들
겨울 오기 전 삼십 평짜리
고치 같은 예배당 붉은 벽돌집 지었다

첫눈 내리던 그해 겨울
별처럼 빛나던 십자가에
아스라이 묻어버린 겨울 사람들

코 묻고 자던 잠두산(蠶頭山)에 대고
머리 들고 깨라, 깨라 용 써도
꼼짝도 않던 누에 닮은 산이 미웠다

〈번데기 먹으면 잠두가 곱절 생각난다〉

진리는 씹을 때야 알겠느니

너 같은 사랑해봤으면

비둘기 슬퍼
산은 서러움에 잠긴다
주절이 떠나는 잎사귀들의 오후
파문 받고도 나무들은
끝끝내 침묵하고 있다
존조리* 쓰라던
어머니 지전 같은 잎사귀
허비 마라
마음도 언젠 내 것이 아니듯
산은 오랜 꿈을 잊고 있다
물이 흩어지듯
흘렸던 나무들의 눈물이 말라
바스락
그 목소리
인자 사랑이란 것을 감지한다
온몸에 휘돌아가는 소리
그런 사랑 한번 해봤으면 했다
부러져 산에 잦혀지더라도

산이 조용히 젖는

눈물 한 번 흘렸으면 했다

---

*타이르듯 조리 있고 친절하게.

구린내 나는 情

네가 흉한 돌을 찾아 헤매듯이 너희의 못난
아이들도 사랑하라
— 박광정의 『돌과의 만남』 중에서

간월도 굴밭
무성한 갈대 흔드는 법열(法悅)의 흰 바람
만공이 개펄 배회하는 새 떠민다
아서라, 사리 때 피는 바다를

돌꽃이 피었다
들꽃 산꽃 진 뒤
석등에 켜는 바위꽃이 피었다

너를 사랑하지 못하다니
배회하는 너의 방황들을,
얼근한 꽃들을,
사람이 사람을 사랑하지 못하다니

고놈의 길 다시 돌아 밟고

해수면이 지우면 다시 돌아 또 밟고
죽어도 저 땅에는
묻히지 않을 거라 발 빼지만

구린내 나는 정이 뭐랍시고
한평생
덕지덕지 적 붙이며 사는 것인지
그것도 영화랍시고 피는지

종이꽃처럼 피어난 몸뚱이
넘실넘실 빤히 따라 나오는 저녁 물

서로 배웅하는 짭조름한 하루가
벙벙 차오른다

고사목

한때 너도 나만큼은 작았다
이제는 네게
생의 경계가 허물어져
살아서 사나
죽어서 사나
나무 버리지 않고 살 줄 아는
너는 탁월하다

해설

고향심상과 전경화(前景化)된 삶의 무늬들

송수권 시인, 한국풍류문화연구소장

1.

정홍순의 시는 그의 시세계를 크게 두 가지로 압축하여 드러내고 있다고 볼 수 있다. 첫째로 개체는 계통을 발생한다는 topophilia(場所愛)로서의 고향 심상이고 둘째는 현재적 삶에서 전경화(foregrounding)된 상처(trauma) 읽기다.

고향 심상과 전경화(前景化)된 삶의 무늬들은 단순한 개인사적인 경험이나 정서만을 의미하지 않는다. 그것은 가계 즉 한 가족사로부터 시작해서 현재적인 풍경의 무늬 속에 시인 자신이 한 시대를 관통해 온 삶의 체험이 끈끈하게 녹아 있다. 더불어 한 시대와 유기적 관계로 연관되어 있어 당대(當代)의 삶이 사회와 이웃에게 보내는 따뜻한 시선이 애정으로 듬뿍 녹아 있다. 공감대를 형성하면

서 시적인 감동을 자아내는 것은 이 때문이다.

그 감동은 사물이나 사건 어떤 상황묘사이기보다는 말하기(telling)에서 튼튼한 서사(narrative)가 특별한 데서 오는 감동이다.

고향 심상(image)을 드러내는 telling에서는 진부한 이야기가 아니라 시적 감동을 자극하는 의미부여 즉 발견적 의미(depaysment)가 시적 긴장을 유발하는 서정적 감정을 회감의 정서로 떨어뜨리지 않은 데 기인한다. 「독배토굴새우젓」에 드러난 '할아버지 이장(천묘)'에서 그 치밀한 서사구조를 읽을 수 있다. 특히 「독배토굴새우젓」이 모렴(毛濂)이란 낯선 시어에 비유되어 한 가족사의 삶이 이야기체시(narrative poem)로서 완결점을 드러내고 있다.

서해 바다 작은 섬 사이 새우 떼 푸던 천수만 독배마을 어머니는 개펄에 정박한 채 나를 정월의 해동 맏이로 낳았다 그해 독배 할아버지는 광천 어느 포목점에서 병들어 새우등만 한 등짐 부리며 돌아왔다고 어릴 적부터 유난하던 광천, 밥상에서 언제나 아버지 잔소리와 눈물이기도 한, 밥숟가락마다 얹어주던 어머니 새우젓

천묘 때 본 할아버지 곱게 핀 모렴, 지관은 무덤에 금붕어 뛰놀고 있다 했지만 새우들이 금잔디처럼 놀고 있었고 고독

의 아편으로 중독되어 아침마다 오서산 꼭대기 타고 오는 해 받아 광천 사람들 새벽장 여는 새우젓갈이 누렇게 곰삭고 있는 항아리였다

광천 오매들은 오늘도 토굴젓 팔고 있다 고독의 맛, 싱싱하게 맛볼 사람들의 입에 사리사리 아리랑을 판다 황해 뼈가 씹혀지고 달개비 피는 여름 장항선 막차에도 살 어리 살 어리 떠내고 있다 누런 바다 새우 떼들이 오르는 토굴 문이 열리면 할아버지 뼈 모렴처럼 핀 젓갈에 허벅지 같은 허연 달도 꼴깍 넘어가는 것이다

—「독배토굴새우젓」 전문

위의 시에서 서사구조를 풀기 위한 키워드 문장은 2연 '천묘 때 본 할아버지 곱게 핀 모렴'에서 찾아볼 수 있다. 모렴은 이장할 때 보면 흔히 망자의 육탈된 뼈에 피는 일종의 곰팡이꽃을 말한다. 지관은 역설적으로 '무덤에 금붕어 뛰놀고 있다'라고 했지만 그 모렴은 풍수학에서 결코 상서로운 징조는 아니다. 풍수학에서는 후손에게 정신적 질환을 호소한다라고도 되어 있기 때문이다. 아마 이 불길한 징조 때문에 이장을 했을 것이고 그래서 시 속의 화자는 지관의 역설을 받아쳐서 '새우들이 금잔디처럼 놀고 있었고'라고 역설에 역설을 되받아친다. 역설이 역설

을 낳는 표현의 묘미는 시에서 그리 흔하게 찾아볼 수 있는 장면이 아니다. 그리고 이 역설은 1연의 '새우등만 한 등짐 부리고 돌아왔다고' 광천에서 포목상을 한 할아버지의 일생을 묘사하고 있다.

'모렴'이란 비밀공간과 시간을 압축하여 찾아낸 의미부여로서 놀랍기만 하다. 데페이즈망 즉 의미부여(발견적 의미)는 일상적이고 관습적인 사물화의 감각이 아니다. 식상한 의미는 놀랍지도 신선하지도 않기 때문이다. 지각의 자동화를 벗어던질 때 충격을 준다.

3대에 걸친 가족사의 서사를 더 자세히 들여다볼 수 있는 작품은 「눈물의 크로키」 「아버지와 앵두」에서 더 깊이 들여다볼 수 있다. 그중 「눈물의 크로키」를 예시해 보자.

> 할아버지 돌아가시던 날 성엣날이 솟은 논바닥에 돼지가 죽으며 따뜻한 오줌보 내놓았다 검불 붙은 오줌보 차오른 하늘이 말랑거렸고 말랑거리던 하늘은 이내 눈 쏟아 내렸다
>
> 막걸리 지게미 냄새 기름 두르는 지짐 냄새 장작불은 며칠째 개코에 싸락눈 녹듯이 탔다 밤새 할아버지 이름 태우고 때 묻은 유품들 불 속에 버려져 조그만 종지기와 잔이 남았다 할아버지 공적일 것이다 가난 말고 빚보증 말고 남긴 유일한 대물림이다

아버지는 분노의 눈물 흘리며 아름드리 붉은 소나무 쓰러트렸다 목도해 올린 육중한 몸 송판으로 갈라져 관이 짜졌을 때 아버지는 "아버지" 하고 울었다

나는 울기 시작했다 어머니 눈물로 울고 아버지 눈물로 울고 내 조상 할아버지로 울었다 눈물의 감전은 언제나 어머니였다 꽃상여 나가던 날 나를 붙잡고 떠밀던 사람들 그 속에서 어머니 만류로 울었다

오늘 다시 그 기억 울컥 나는 것은 그대와 나 진정 슬픔이와 우는 게 몇 번이나 될까 울음 꺼내고 슬픔 꺼내 눈물 속에 사는 찰나로 몇 날이나 어머니 마음으로 울었을까 싶다

다시 차올리고 싶은 하늘 발끝에 닿았다 어머니가 또 울까 싶다

—「눈물의 크로키」 전문

겨울 논바닥에서 차고 놀았던 돼지 '오줌보'에 감정이입이 실려 있어 감상적인 벽을 허물고 있다. 3연에서 5연까지는 그야말로 울다(울음)는 동어반복이 돼지 오줌보처럼 말랑말랑하기만 하다. 「독배토굴새우젓」이 비극적 긴장미를 유지한다면 「눈물의 크로키」는 동심적(유아적) 상

상력에 기대고 있는 탓이다.

관을 짜며 아버지는 "아버지" 하고 울고 나도 따라서 운다. 그런데도 이 울음이 속물근성으로 떨어지지 않고 또 상업성의 값싼 눈물로도 떨어지지 않는 것은 현실성 바탕 위에 묘사감각과 진술이 길항을 이루고 있기 때문이다. 특히 첫 연의 성엣날이 솟은 논바닥에서 차올린 돼지 오줌보와 결구연의 1행이 서사구조를 수미쌍관법으로 잘 오므라져 튼튼한 얼개를 이루고 있다. 두 작품의 차이성이라면 「독배토굴새우젓」에선 공동체의 삶의 의미와 공간을 확보하고 있고 「눈물의 크로키」는 개인사적 서사로 처리되어 있는 점이라고 할 것이다.

이럴 경우 시는 사유재산이지만 그것이 공유재산으로 연결되었을 때 그 감동의 폭이 넓어진다.

당암리 들어가는 초입 늙은 팽나무
팽나무는 한 발이라도 길 나서고 싶을 때마다
억센 마디 비틀어댔다

당암리 사람들
팽나무 그늘만큼이나 아름 쳐 내린
속마음이야 짐작했지만
팽나무 뜻 어깨 눌리게 생각한 적 없었다

조상 세업 지키느라
한술 밥이 고픈 줄도 모르던 사람들
출상 날이면 으레 먼 길 쉬게 한
눈물이 더 고픈 사람들은
부러진 가지 움돋던 뜻 헤아렸을까

그 길에 울던, 웃던 사람들
조실하고 떠난 반장네 아이들
신발공장 순난이 생각, 고운 자식들

잘 깎인 목기처럼
서서 사는 것들의 서러운 이정표
당암리 언덕 오르면 슬픈 춤 저절로 난다

발끝 마검포 푸른 물
얼싸 하고 치는 장단 맞춰
사설 풀어 山 녹도록 목 놓아 흔들며 간다
서서 흔들다 마는 것들처럼, 팽나무처럼

―「팽나무재」 전문

당암리는 태안군 남면 시인이 태어난 고향마을이다. 아버지의 삶을 말했던 「독배토굴새우젓」의 광천과는 천수만을 사이에 둔 양안이었는데 지금은 간척사업 후 평야지대로 변해 있다. "잘 깎인 목기처럼/서서 사는 것들의 서러운 이정표"가 고향사람들의 아날로지로 떠올라 있다. 그에게 있어 고향은 유년의 심상이고 공동체의 삶으로서 topophilia인 셈이다.

2.

풍경은 상처(trauma)로 읽힌다. 상처는 곧 삶의 무늬다. 독자들을 감동시키고 끌어안을 수 있는 시적 요소는 바로 이 상처 읽기가 된다. 상처를 통하여 그 시인이 겪고 있는 혹은 겪어 온 경험의 세계를 감지할 수 있기 때문이다.

정홍순의 경우는 그것이 총체적인 삶의 풍경이 아니라 전경화(foregrounding)된 풍경으로 드러난다.

검은 기차 한 대가 선다
화순역 들어서며 육중한 정지음
분진들이 가라앉는 레일 위로
햇빛이 따사롭다

과열된 굴대통 두들긴다
북채 같은 긴 망치 끝으로

깨지고 금 간 얼빵한 것 찾아
까마귀처럼 부산히 쪼고 있다

채광된 구암산은
지금도 신열 그냥 앓고 있지만
기차는 다시 가려 한다
봄 감기가 내 몸에서 미동하는 게
화덕에 불이 붙었는가 보다

—「길」 1, 2, 3연

길 위에서 만난 전경화된 풍경이다. "봄 감기가 내 몸에서 미동하는 게/화덕에 불이 붙었는가 보다" 고장 난 열차만 보아도 몸이 뜨거워진다. 구암산에서 캔 석탄을 실어 나르는 열차인가 보다. 망치 끝으로 굴대통을 두들긴 점검원이 까마귀처럼 전방위로 나와 있다. 기차가 궤도를 벗어날 수 없듯이 나 또한 화덕에 불을 붙여서라도 길을 가야 한다.

순천역 지나 보해소주공장
담장엔 목련이 말갛게 피었지요
살랑대는 삼월인 걸 알면서도
맵시부리는 게 술기운이 아닌가 싶었어요
촘촘히 지나는 사람들

차들을 피하느라 허둥허둥
아슬아슬하게 보고 있었지요
나도 가고 나면 시장에는
팔다 남은 것들
그들은 쓸쓸히 꽃이나 보고 갈까요

—「목련」 부분

연일 사람들 북적이는 충장로
우체국 골목 얼마 전 서점 헐리고
그 자리
유명상표 신발집 개점했다
책장 넘기던 얼굴들
구두 밑창에 뭉개져
은행잎 떨어지는 만세소리 끌고
꽃가게 옆
구두수선 집 마주한 길로 나온다
두 집 사이
정확히 말하면 누구의 이야기 속에
들어와 있다는 것을 알았다
지금 나는 서성거리고 있다
뒤축 처진 구두
여과 없이 빠져나간

헐렁해진 세월 생각한다
촘촘한 바늘구멍
누군가의 앞으로 갈 수 있는 조심스러움이다
하지만 무참히 낭비된 청춘은
십수 년 전 '군화' 그리고 '꽃'에 대하여
너희 목소리와
눈물이 밤늦도록 허공에 터진다
아직도 나는 서성거리고
또 한 해 가을이 가고 있는 사이
아득한 소리뿐

—「꽃가게와 구두수선 집 사이」 전문

「목련」에서 보해소주공장과 이른 봄 담벼락에 핀 목련은 두 개의 사물이 비유적 이미지로 설정되어 있다. 시장 사람들을 무심히 내려다보고 있는 풍경이 참 예사롭지 않다. 중심이 되는 이미지들은 '시장 사람들'이다. 봄이 와도 봄 같지 않은 한 시대적 삶의 풍경들이 이들의 상관관계에서 아프게 명멸한다.

「꽃가게와 구두수선 집 사이」 또한 그렇다. 여기서는 광주란 아픈 이름에 '군화'와 '꽃'이라는 두 개의 사물이 유기적 상관관계에 있다. 책장을 넘기던 얼굴들이 있는 서점은 사라지고 유명상표 신발집이 들어서 있다. 신발집은

'군화'를 암시하고 '꽃'은 서점의 얼굴들을 암시한다. 아이러니치고는 대단한 암시의 기법이다.

보해소주공장 앞이나 충장로는 이 시대의 아픈 상처들로 떠오른다. 이 경우 풍경이 시인을 만드는가 혹은 시인이 풍경을 만드는가를 묻지 않을 수 없다. 이를 '상처 만들기의 흔적'이라고 본다면 시인이 당연히 후자 편일 것이다. 그래서 시인이 앉았다 일어선 자리에선 피바람이 분다고 한다.

화순에서 앵남 오는 길은 가파른 굽은 차도와 산모롱이 기차터널 옆으로 송수관이 함께 넘는다 인력거와 牛馬가 넘었을 땀재 한창 보리밭은 털끝 간지러운 가슴 쓸고 섰다 십 중하고 배고팠을 저 재 두고 밥집들이 들어선 온천 입구 초근목피로 연명한다는 분단의 동무들 생각하며 앙상한 젖소 쓸개물이 마르도록 새김질이다 청량리 뇌병원서 쓰러져 간 중섭의 빈곤한 時代 씹고 또 씹어 왜 도로 삼키는 건지 둥근 눈 끔벅끔벅하는 뿔 없는 그림자가 슬프다 오늘은 힘 있게 이 땅 딛고 젖 흘리던지 얼룩 등에 십자가든지 당당히 받고 설 너는 안다 우사의 거적은 봄빛 핑계로 너를 내몰았고 젖 물릴 어눌한 자식 울고 있다는 것을 안다 그래 방금 넘어온 땀재 다시 넘자 가자 거친 고향으로 가서 병동의 벽 허물고 고름 우유라도 보채는 어린 입에 실컷 빨리려면 쓰러지지 말고 죽지 말고 일어서자

—「이중섭, 소」 전문

한국전쟁 당시 이중섭이 배고파 되새김질하며 그렸던 '소'는 누구나 다 아는 사실이다. 한 시대적인 풍경이 그 소와 중첩되어 흘러가고 오버랩 된다. 이 "뿔 없는 그림자"는 시인이 달고 다니는 아픈 상처 찾기 또는 상처 씻기로서 이 시대의 한 치유방법이 된다. 앞에 짖는 개를 따라 짖는 개는 개도 아니라는 창작원리에서 볼 때 그는 결코 모방이나 아류가 아닌 개성을 확보하고 있는 시인이다. 그는 죽은 풍경을 크로키 하는 것이 아니라 "뿔 없는 그림자"로서의 상처투성인 잠자는 풍경을 다시 일으켜 세우고 복원한다.

이는 시인이 가지고 있는 예언적 또는 주술적 기능에 해당한다. 그래서 한 시대 한 삶의 바람이 어디서 오는가를 예언하며 날이 어떻게 새는가를 알려주는 새벽닭과 같은 기능이다.

그의 잠언록이 되는 시 「물 끝」에는 이런 말이 들어 있다. "물 끝은/늘 그리움을 상처내고 흐른다"고. 또한 「고치 속의 잠언 1」에서는 "배부른 누에는 뽕잎에 오르지 않느니", 「고치 속의 잠언 2」에서는 "번데기 먹으면 잠두(蠶頭)가 곱절 생각난다"고 말하고 있다.

시인이여,

물 끝 마냥 흐르고 '고치 속의 잠언'처럼 번데기를 먹지 말고 배고픈 뽕잎을 갉아먹고 우화등선하라.

이 도서의 국립중앙도서관 출판시도서목록(CIP)은 서지정보유통지원시스템 홈페이지(http://seoji.nl.go.kr)와 국가자료공동목록시스템(http://www.nl.go.kr/kolisnet)에서 이용하실 수 있습니다.(CIP제어번호: CIP2014014573)

문학의전당 시인선 180

뿔 없는 그림자의 슬픔

초판 1쇄 인쇄 2014년 5월 19일
초판 1쇄 발행 2014년 5월 26일
지은이 정홍순
펴낸이 김석봉
책임편집 이현호
디자인 조동욱
펴낸곳 문학의전당
출판등록 제311-2012-000043호
주소 서울시 은평구 연서로11길 7-5 401호
편집실 서울시 마포구 마포대로 127, 413호(공덕동, 풍림VIP빌딩)
전화 02-852-1977
팩스 02-852-1978
블로그 http://blog.naver.com/mhjd2003
전자우편 sbpoem@naver.com

ISBN 978-89-98096-77-9 03810